イギリス歌曲シリーズ

BRITISH SONG SERIES

O mistress mine

◆◆◇

バロックから近代の作曲家による
シェイクスピアの世界

辻 裕久・なかにしあかね 監修

カワイ出版

序文

　日本人にとって最も親しみ深い外国語である英語を、ぜひ多くの歌手の皆様に歌って頂き、素晴らしいレパートリーの宝庫を手に入れて頂きたいと願って、このイギリス歌曲シリーズはスタート致しました。

　第1巻『The Water is Wide 〜イギリス愛唱歌集』では、日本でも馴染み深いイギリス民謡の数々を、その文化的背景をひもときながら、ロジャー・クィルター編曲となかにしあかね編曲で収録しました。リサイタルやサロンコンサートなどのレパートリーとしてお選び頂きやすいように、英語の歌い方や各曲のエピソードなども盛り込んだ、多角的な内容をめざしました。

　第2巻となる本書では『シェイクスピアの世界』をテーマとし、18世紀〜20世紀イギリスのシェイクスピア歌曲を収録しました。

　「シェイクスピア歌曲」は、シェイクスピアの言葉をテキストとした声楽曲の総称であり、劇音楽として作曲された中から劇中歌だけを独立した歌として取り出したものや、台詞の一部分を抜粋して歌詞とした歌曲、ソネットなどの詩作品をテキストとした歌曲なども含みます。

　ご存知のようにシェイクスピア作品は世界中で愛され、各国語での戯曲の上演はもちろん、バレエやオペラなどの舞台芸術、映画、小説、絵画、音楽、その他さまざまなジャンルで、新たな芸術を生み出す原動力となり続けています。

　歌曲作品へのテキストの使用も、音楽史の中で盛んに行われてきました。イギリスの作曲家の作品だけでなく、ドイツ歌曲をはじめとする他言語歌曲にも、多くのシェイクスピア作品が登場します。

　歌曲は、前後の芝居の流れや、登場人物への観客の感情移入などの下準備なく、数分間の言葉と音の小宇宙を構築するのが特性と言えると思いますが、シェイクスピア歌曲は特に、言葉の魔術師シェイクスピアの「言葉の力」を借りるというアドバンテージを持っています。

　ここに収めたのはあまたあるシェイクスピア歌曲のほんの一部に過ぎませんが、ぜひ、その魅力を存分に生かして、演奏のオリジナリティーを発揮して頂きたいと願う作品群です。巻末に、演奏の参考として、シェイクスピアを取り巻く世界について、解説を試みておりますので、ぜひご一読頂けましたら幸いです。

　いつもながら力強く私共を励まし、作業を進めさせて下さいました早川由章さんとカワイ出版の皆様に、心より御礼申し上げます。私達人類に素晴らしい宝を残してくれたウィリアム・シェイクスピア氏に最大の敬意を表しつつ、このささやかな一冊の楽譜が、彼の輝かしい遺産を楽しむ一助となりますことを、願ってやみません。

2018年夏
辻　　裕久
なかにしあかね

O mistress mine

～バロックから近代の作曲家によるシェイクスピアの世界～

監修　辻　裕久　なかにしあかね

1. Under the greenwood tree　緑の木陰で　〈T. ARNE〉………………………4

2. Lo! here the gentle lark　ごらん！　優しいひばりを　〈H. BISHOP〉………9

3. Take, O take those lips away　消し去りたまえ　唇を　〈H. BISHOP〉……18

4. Where the bee sucks　蜂の蜜吸うところで　〈A. SULLIVAN〉……………22

5. Sigh no more ladies　お嬢さん方　もう溜息なさるな　〈A. SULLIVAN〉……26

6. O mistress mine　愛しい人よ　〈H. PARRY〉……………………………30

7. When icicles hang by the wall　壁に沿って氷柱が下がり　〈H. PARRY〉……34

8. It was a lover and his lass　恋する若者たち　〈F. DELIUS〉…………………38

"Three Shakespeare Songs" Op.6 『3 つのシェイクスピアの歌』〈R. QUILTER〉

9. Come away, death　来たれ　死よ……………………………………………43

10. O mistress mine　愛しい人よ……………………………………………47

11. Blow, blow, thou winter wind　吹け　冬の風よ………………………50

12. It was a lover and his lass (Duet)　恋する若者たち（二重唱）〈R. QUILTER〉…………56

シェイクスピアの世界 ………………………………………………………… 63

楽曲解説・日本語訳と歌い方ポイント ……………………………………… 69

Under the greenwood tree

Words by
William SHAKESPEARE

Music by
Thomas ARNE

※「¬で示した部分をフルート、ピッコロ、リコーダーなどの楽器で奏してもよい。

Lo! here the gentle lark

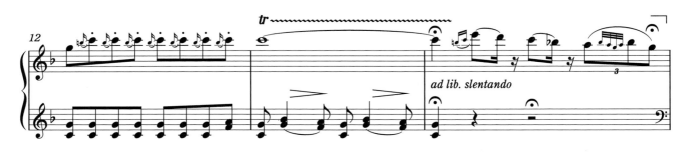

Take, O take those lips away

Words by
William SHAKESPEARE

Music by
Henry BISHOP

★作曲者自身によるオプション

Where the bee sucks

Words by
William SHAKESPEARE

Music by
Arthur SULLIVAN

O mistress mine

Words by
William SHAKESPEARE

Music by
Hubert PARRY

It was a lover and his lass

Words by
William SHAKESPEARE

Music by
Frederick DELIUS

O mistress mine

Words by
William SHAKESPEARE

Music by
Roger QUILTER

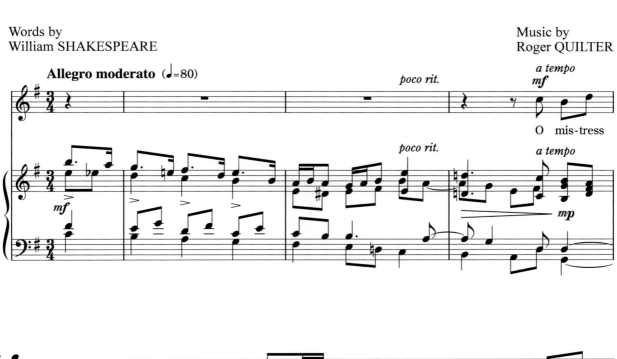

Blow, blow, thou winter wind

Words by
William SHAKESPEARE

Music by
Roger QUILTER

シェイクスピアの世界

ウィリアム・シェイクスピア（1564-1616）は、イングランド中部ストラトフォードに生まれました。エイヴォン川の流域の、現在はシェイクスピア・カントリーとしてイギリス有数の観光地となっている、絵のように美しい田舎の町で育った手袋職人の息子が、どのようにして世界で最も有名な劇作家となり、今も世界中の芸術文化に影響を与え続ける巨星となったのでしょうか。

「この世はすべて舞台であり　男も女もひとりの役者に過ぎない」（『お気に召すまま』第2幕7場）という台詞が示す通り、シェイクスピアは、生まれて、生きて、死ぬという人類普遍の営みを、時には劇場の天井桟敷から見おろすかのように、時には心の奥底から絞り出すかのように、言葉の魔術を駆使して描きました。そこに繰り広げられるのは、人類が言葉を持ったことに感謝せずにはいられないような、俯瞰であり、感情の豊かな高まりや時間の凍るような鎮まりであり、諦観あるいは達観であり、様々な幸福のありようでした。シェイクスピアの言葉が、400年以上の時を超えて今なお私達に訴えかけてくるのは、人生というこの短いささやかな舞台を必死に生きる人間への深い共感からでしょうか。

1. シェイクスピアの生きた社会

芸術文化の上で「エリザベス朝時代」を語るとき、エリザベス1世（1533-1603）の治世（1558-1603）のみならず、その前後の時代をも含むことがあります。たとえば演劇においては、16世紀の宗教改革から1642年の清教徒による劇場閉鎖までのイギリス・ルネサンス演劇を、エリザベス朝演劇と呼ぶことさえあるように、「エリザベス朝」はイギリスの第一期黄金時代とも呼ぶべき良き時代の象徴としても冠されます。シェイクスピアが活躍した時代は、エリザベス1世からジェームズ1世の治世でした。

イギリスにおける宗教改革は、大陸の宗教改革とは様相が異なっています。エリザベス1世の父であるヘンリー8世（1491-1547）の離婚問題を直接のきっかけとして、きわめて政治的な理由でローマ教皇庁と袂を分かち、英国国教会（Church of England）が成立しました。教義的な「改革」ではなかったためか、典礼などはカトリック教会との共通点を多く保持しています。新教への移行はスムーズとは言えず、信条的にはカトリックであったと言われるヘンリー8世の死後、息子のエドワード6世（1537-1553）の時代には幼い国王を導く人々の手でさらに改革が進み、次のメアリー1世（1516-1558）による激烈なカトリック復帰という波乱を経て、1558年にエリザベス1世の即位を迎えます。エリザベス1世は「信仰の守護者」つまり宗教においても首長として、国内の国教会化を推し進めました。エリザベス1世の後、1603年に即位したジェームズ1世（1566-1625）は、国教会の典礼で使うための欽定訳聖書を編纂させ、この聖書は国内の標準英語化にもおおいに貢献したと言われています。続くチャールズ1世（1600-1649）が1625年に即位した頃から、国教会派に対する清教徒（ピューリタン）の反発が強まり、1642年〜1649年に清教徒革命が勃発しました。敗れたチャールズ1世は1649年に処刑されましたが、その後、王政復古や名誉革命を経て、国教会はようやく安定的な国教としての地位を得たと言われています。

このような時代背景は、音楽家達の活動にも影響を与えています。トーマス・タリスや　ウィリアム・バードはラテン語（カトリック）と英語（イギリス国教会）による曲を両方作曲していますが、特にバードはカトリック信者として生涯を送り、イギリス国教会との葛藤から生まれたラテン語のミサ曲は、ルネサンス期を代表する名曲と言えるでしょう。他にもシェイクスピア劇でも使われたと思われるトーマス・モーリーなどの世俗音楽や、ジョン・ダウランドのリュート作品や歌曲、またエリザベス朝時代後期にはイタリアのマドリガーレの影響を受けて、イングリッシュ・マドリガルが数多く作曲され、エリザベス朝時代は音楽の分野でも第一期黄金時代となりました。

このような激動の時代にあって、シェイクスピアはどのように作品を書き、どのように生き抜いたのでしょうか。

2. シェイクスピアの生涯

シェイクスピアの生涯は謎に満ちており、過去400年以上に渡って、研究者や伝記作家達は、わずかな情報の断片が発見されるたびに、想像の翼を羽ばたかせて実に様々な生涯（の可能性）を語ってきました。教会の記録や公的申請書などはもちろん、同時代人の手記や、後の時代の伝聞まで、少しでもウィリアム・シェイクスピア本人に関わりがある、もしくは想像の芽となり得ると思われるものはつぶさに研究され、そのたびに新たな人物像が語られてきたのでした。

ひと昔前、それも比較的最近まで、シェイクスピア別人説、複数人説もその一角を占めていました。シェイクスピアの戯曲の中には、ウィリアムのような「田舎者の」「大学も出ていない」一介の劇作家が知り得ようはずのない内容、たとえば王侯貴族の生活や宮廷での風習などが描かれており、これほどの幅広い知識とリアルな描写は、非エリートの田舎作家には無理だ…などなど、それらの説の出発点も様々にあったようですが、現在ではそれらはむしろ、シェイクスピアという一人の天才への賛辞となっていると言えるでしょう。シェイクスピアは、見聞きしたこと、読んだもの、経験から知り得たことなどを総動員して、言葉のスタイルや用い方、用語も法律も作法なども含め、学び取ったものを見事に使い尽くした天才として、ストラトフォード・アポン・エイヴォンのトリニティ教会に眠っています。

おおよそ事実と思われるシェイクスピアの生涯は以下の通りです。

【ストラトフォード・アポン・エイヴォン時代】

聖トリニティ教会の記録によれば、この世に生を受けたウィリアム・シェイクスピアが洗礼を受けたのは 1564 年 4 月 26 日。生まれてから 3 日後に洗礼を受ける当時の習慣から、誕生したのは 4 月 23 日であろうと推測されています。

父ジョン・シェイクスピアは、イングランド中部のスニッターフィールドという村から近在のストラトフォードに移住し、手袋職人として働き始めましたが、皮を扱うだけでなく羊毛の闇取引で財を築き、土地の名家アーデン家の末娘メアリーと結婚して次第に町の重要人物となっていきました。町会議員、町の助役と登り、1568 年には町長となっています。1576 年には「ジェントリー（紳士階級）」となることを求めて紋章院に家紋を申請するも、この申請は却下され、理由は様々に語られていますが家運は次第に傾き、妻の資産も抵当に入れて借金を重ね返済に窮したあげく、1586 年には議会からも除名されています。

ジョンとメアリーの長男であるウィリアムの少年時代は、この父ジョンの上昇と没落を経験しつつ進行しました。当時の子供達がそうであったように、ストラトフォードのグラマースクールで読み書きを習い、ラテン語も学んだと思われますが、それ以上の高等教育は受けていません。

ストラトフォードには多くの劇団が訪れた記録があり、ウィリアム少年の芝居への興味をかき立てたと思われます。当時のストラトフォード近在の少年達を夢中にさせたと思われる大きなイベントとしては、1575 年のエリザベス女王来訪があります。寵臣であったレスター伯の招きで、ストラトフォード近郊のケニルワースの城に滞在した女王を歓待するために、花火、水上ページェント、芝居など、3 週間にもわたってさまざまな催し物が続きました。近在の庶民たちはその盛大な饗宴を、そしてあわよくば女王を、ひと目見ようと詰めかけたと思われ、そのような話を伝え聞くだけでも、11 歳のウィリアム少年を興奮させるには十分だったことでしょう。

1582 年 11 月 28 日、ウィリアムはアン・ハサウェイという近郊の農家の娘と結婚します。18 歳での結婚は当時としてもかなり早く、相手のアンは 8 歳年上で、3 か月の身重でした。翌年には長女スザンナが誕生し、さらに 1585 年にはハムネットとジュディスという双子の兄妹の洗礼が記録されています。

【ロンドン時代】

この後、1592 年にロバート・グリーンという同時代の劇作家が書いた本の中で、「成り上がり者」と称される人気急上昇中の劇作家がシェイクスピアを指していると思われることから、少なくともその数年前にはロンドンに出て、劇作家、役者として活動していたと考えられていますが、それまでの間、シェイクスピアがどこで何をしていたかは明らかになっていません。研究者たちが「失われた年月」と呼び、わずかな手がかりを求めて想像をたくましくする数年間です。

当時のロンドンは、地方から夢を求めて若者たちが集まる大都会でしたが、同時に、疫病が蔓延し、火事が頻繁に起こり、暴動、詐欺、喧嘩や殺人、陰謀、監視など、日常の危険に満ちた都市でもありました。シェイクスピアと共にエリザベス朝演劇の黄金時代を築いた劇作家クリストファー・マーロウ（1564-1593）は、『フォースタス博士』などで知られ、シェイクスピアより一足早く劇作家としての活躍を始めていましたが、居酒屋での喧嘩に巻き込まれ、30 歳を待たずに亡くなっています。（危険思想の持ち主とされ政府諜報機関に謀殺されたのだという説もあるようです）

16 世紀後半から、ロンドンには多くの劇場が建設され始めました。地方都市を巡業する聖史劇や道徳劇と呼ばれる啓蒙的な演劇とは異なる、新たな演劇文化が花開き始めたロンドンに、シェイクスピアは登場したのでした。

シェイクスピアが活躍した地球座は 1400 人を収容できたと推測されていますが、地球座をはじめ多くの劇場が、喧騒の大都会の中でも特に、売春宿や熊いじめの競技場などが立ち並ぶ猥雑な地域にありました。これらの公衆劇場

では、庶民から貴族まで、それぞれに見合った料金の座席で自由に観劇ができました。

シェイクスピアは 154 のソネットを残していますが、きわめて貴族的な、洗練されたことばの遊びであるソネットを書くに至った経緯も様々に想像されています。叙事詩『ヴィーナスとアドニス』などを献呈したサウサンプトン伯爵から褒賞として 1000 ポンドの下賜があったとの記述もあります。

劇場のほとんどが同じような構造で、茅葺屋根の複層構造の舞台を中心に、屋根のある 3 階建の桟敷席がぐるりと取り囲みます。舞台のせり出した部分と平土間席には屋根がなく、夜のシーンは松明を灯すことなどで表されました。歌や踊りもふんだんに取り入れられ、舞台衣装は豪華で、楽団の演奏する音楽が場面を盛り上げました。
シェイクスピアは、地球座を本拠とする宮内大臣一座（後に国王一座）の役者であり、劇作家であるだけでなく、劇団株主の一人でもありました。さらに劇場の株主ともなり、それらの配当から高額な収入を得ていたと考えられています。
職業的な俳優が成立し始めた当時、劇団には主要な役を演じる俳優の他に、女性役を演じる少年俳優や道化役などがいました。役者としてのシェイクスピアは、『ハムレット』の父王の亡霊役など、脇役を演じることが多かったようです。
一方で、劇団の会計係に名を連ねるなど、現実世界の管理運用能力にも長けていたことがうかがわれます。私生活でも、劇団の収入だけでなく、土地や不動産を購入したり、少額の貸し金を取り立てるための訴訟を起こした記録が残っており、金銭に細かく世知に長けた人間像が浮かび上がってきます。
1596 年には、かつて父ジョンが申請して却下された家紋の申請を父の名前で行い、シェイクスピア家念願の家紋が認められました。晴れて「ジェントリー（紳士階級）」の一員と認められたのです。すでに劇団の主要メンバーで家紋を認められていた者もいたそうですから、俳優の地位が向上したとも考えられますが、紋章院の高額な手数料が支払えたということでもあります。

【再びストラトフォードへ】
1613 年 6 月 29 日、『ヘンリー 8 世』上演中に、舞台効果のための祝砲の火の粉が劇場の茅葺屋根に燃え移り、地球座は焼失しました。おそらくそれより以前から故郷ストラトフォードへと軸足を移しつつあったシェイクスピアは、この事件をきっかけとしてストラトフォードでの隠居生活に入ったと考えられています。シェイクスピア単著の作品としては 1611 年の『大嵐』が最後であり、その後、地球座の劇作家を引き継いだジョン・フレッチャーらとの共作で 3 作に関わったとされています。

妻子をストラトフォードに残したままのロンドン生活は 20 年以上にわたったことになります。その間も故郷への仕送りは続けていましたが、1597 年にはストラトフォードのニュー・プレイスの屋敷を購入、さらに 1602 年にはストラトフォードの農地を購入し、高額な手数料を支払ってこの土地からの税収を受け取る権利を得ています。
家紋が認可された 1596 年に一人息子ハムネットが 11 歳で病死しました（その影響を『ハムレット』などの作品に見出だそうとする研究もあるようです）。その後さらにロンドンで仕事に精を出しながら、故郷での隠居生活の経済的安定や、名士としての生活基盤を着々と整えて行ったと考えられます。
その後のシェイクスピアは、所有する土地の管理、運用に精を出したと思われますが、次女ジュディスの夫となった男の女性問題に心を痛めた様子がうかがわれる一方、長女スザンナとその夫の医師ジョン・ホールは信頼していたようで、遺言状によって多くの不動産を含む資産の大半が、長女夫妻とその子孫に与えられました。
シェイクスピアの死因について、「ジュディスの結婚祝のためにストラトフォードを訪れていたベン・ジョンソン、同郷の詩人マイケル・ドレイトンと飲み過ぎたのが原因で」と述べられていることも多いようですが、定かではありません。
ウィリアム・シェイクスピアは 1616 年 4 月 23 日、おそらく 52 回目の誕生日となるその日に亡くなり、25 日に埋葬されました。
1623 年に出版されたシェイクスピア全集に、ベン・ジョンソンが讃辞を書いています。

あなたは墓のない記念碑である
この世にあなたの作品が存在する限り
あなたは永遠に生き続ける

3. シェイクスピアの作品

シェイクスピアはオリジナルな物語を発想しませんでした。わずかな例外を除いて、ほぼすべての作品に原話があり、民間伝承や歴史書、他の作家の作品などからアイデアを得て翻案する天才でした…と、多くの研究者達が口を揃えています。当時の劇作家達は、模倣し合い、アイデアを探し当てる嗅覚を競い合って切磋琢磨していたのでしょう。シェイクスピアの翻案作品が人類共通の遺産として残されたという事実は、シェイクスピアがそれらのアイデアを、人の心により深く残る輝きと共に再構成することができたことの証でもあります。

模倣や、現代の著作権法にある「同一性保持権（著作者の意に反して変更、切除や改変を禁止する）」などが全く意に介されなかった当時、シェイクスピアの作品もまた、悲劇の結末をハッピーエンドに改変されたり、シェイクスピア作を騙る作品が出回ったり、当時の多くの戯曲と同様の被害をこうむったことでしょう。1623年に出版された初の全集は、シェイクスピアの記念碑であるだけでなく、最も信頼のおける版として尊重されてきました。

「正典」についての議論はあるものの、現存する作品として歴史劇11作品、喜劇13作品、悲劇10作品、ロマンス劇5作品（一部は共作）の戯曲、4篇の叙事詩、ソネット集と、何編かの短い詩を残しました。

シェイクスピアが用いたテーマは広範囲に渡りますが、ここでは、シェイクスピア歌曲の演奏に際し参考にして頂けると思われる要素を何点かあげてみたいと思います。

（1）宗教的葛藤

シェイクスピアの生きた時代のイングランドは宗教的な変革期にあり、国民は、国の体制が変われば信じるものも変えなければならないという苦難を負わされました。政治的思惑と絡んで、時にカトリック、時にプロテスタントに対する激しい弾圧が繰り返され、多くの「聖人」が殉教し、さらに多くの信心深い人々の血が流れ、また多くの「謀反人」が宗教の名のもとに処刑されました。エリザベス女王を信仰の守護者として国教会化が進められる中、イタリアやスペインの影がちらつくカトリック信者による女王暗殺計画などがまことしやかにささやかれるにつれて弾圧は厳しさを増し、見せしめの公開処刑などが頻繁に行われました。地方の村々まで監視、密告、陰謀が渦巻き、人々は疑心暗鬼となり、家族は引き裂かれました。

このような時代にあって無事に生き延びるためには、体制に従う表向きの従順さと、心の内の信仰が一致しない状態に耐えなければならない場合もあり、人々は多かれ少なかれ二面性を抱えざるをえなかったことでしょう。

シェイクスピア自身は無事に生き延びている事実から、義務とされている国教会礼拝への定期的な出席も行っていたと考えられますが、心の内はどうだったのでしょうか。両親ともども「隠れカトリック」であったと推測する興味深い研究もあり、社会全体が抱えている宗教的葛藤と緊張は、シェイクスピアの作品にも様々な影響を与えたと思われます。

（2）英語

英語の歴史は他言語から多くの要素を受け入れる歴史でもあります。

4世紀頃、ローマ人がブリテン島から撤退すると共に、アングル人とサクソン人のゲルマン系言語が支配的となり、古英語と呼ばれるアングロ・サクソン語が形作られました。6世紀の終わりには、ローマ教皇グレゴリウス1世がアングロ・サクソン人をキリスト教に改宗させたことにより、教会の共通言語であったラテン語がブリテン諸島でも使われるようになり、ラテン語が古英語の中に入り始め、ローマ文字が書かれるようになりました。8世紀〜9世紀頃、北方から襲撃してきたヴァイキングがイングランドに定住し始めると、さらにスカンディナヴィア言語の単語が加わりました。

1066年にノルマン人の征服王ウィリアムがイングランドで開いた宮廷ではフランス語が話され、14世紀頃までの間に1万語以上の単語をフランス語から取り入れたと言われています。1399年に書かれたチョーサーの『カンタベリー物語』で使われている中英語は、ゲルマン系言語であった古英語がロマンス語であるフランス語によって大幅に改変されたものだそうです。15世紀後半にウィリアム・キャクストンが最初の印刷所を開き、多くの翻訳作品を出版したことから、フランス語だけでなくイタリア語、ポルトガル語、スペイン語などから多くの語彙が取り入れられました。

16世紀頃から始まる近代英語の時代は、イギリスの国力充実とも相まって戦争、外交、貿易、探検など、他言語文化との接触が一気に増えた時代でもあり、英語は飛躍的に新しい語彙を取り入れつつありました。シェイクスピアはそのような時代にあって、多くのイマジネイティヴな新語を生み出し、さらに、言葉遊びや、言葉の意味そのもの

を広げるような使い方を次々と編み出しました。より豊かで複雑な意思伝達の手段としてようやく機能し始めた近代英語の、単語の意味もスペルも流動的で定まっていない時代に、シェイクスピアは、言葉を使う楽しみを縦横無尽に示していたのです。

（3）新世界と異文化

ジェームズ1世は、政治家としての後世の評価は高いとは言えないものの、前出の「欽定訳聖書」は国内の標準英語化に貢献したと言われ、政治、文化、経済、諸相において、国内共通語を持つことのメリットは大きかったと思われます。芸術愛好家でもあり、ベン・ジョンソンはジェームズ1世時代に流行した宮廷仮面劇の作者として国王に重用されました。しかしこの時代、国内のモラルは低下の一途を辿ります。エリザベス女王時代の「古き良き」時代は終わったのです。アメリカへの移住を活発化させ、植民地活動が活発となるにつれて、中世の空想ではなく、現実の異文化が、目前に現れたのでした。初めて見る黒人を民衆は奇異の目でみつめましたが、シェイクスピアは『オセロー』の肌の黒いムーア人の主人公を、高貴な家柄の将軍として登場させました。

（4）結婚観

シェイクスピア戯曲の多くが、結婚＝ハッピーエンドという図式を持っています。想いを寄せ合う男女がさまざまな障害を乗り越える過程のエネルギーが、婚礼の祝祭で昇華されるパターンが確立され、喜劇のほとんどは、そのパターンのヴァリエイションであると言えましょう。一方で、ひとたび結婚してしまえば、そこから始まるのは決して薔薇色の甘い生活ではなく、家庭の不和や欲望、悲劇の暗い影が忍び寄ります。

ここに、シェイクスピア自身の結婚生活の反映を見ようとする研究も多くあります。シェイクスピアの妻が結婚当時すでに身重であったこと、そして、不動産を含む遺産のほとんどが長女夫妻とその子孫に贈られ、妻には「二番目に良いベッド」しか遺されなかったこと、などがその根拠のようです。（ただし遺書で冷遇されたのは妻だけではなく、次女夫妻も、そして紳士階級にも関わらず地域への慈善にも手厚いとは言えないようです）

短絡的に現代の倫理観をあてはめようとするのは困難でしょう。当時の花嫁の5人に1人は婚礼前に妊娠していたという研究もあり、国教会は「教区教会の認可を得ない結婚や婚前交渉については」厳罰を科したとのことですから、人々の価値観は、政治的な意図と現実との妥協によって形成されていったと想像されます。

ハッピーエンドの図式を確立した多くの喜劇と共に、祝祭的にすっきりしない喜劇（『尺には尺を』のような問題劇）が含まれるのも、時代や社会に対するシェイクスピアの深い意図の表れと言えるでしょう。

（5）シェイクスピア歌曲におけるジェンダー

本書では、シェイクスピア歌曲を演奏するにあたって、テキストの内容という観点からは、女声のレパートリー、男声のレパートリー、と分ける必要はなく、ほぼすべてジェンダーレスで良いと考えております。

シェイクスピアの戯曲をはじめとするエリザベス朝演劇の特徴として、女優がおらず少年俳優が女性役を演じていたこと、また、戯曲のプロットとしても男女の入れ替えを鍵とする物語も多く、当時から、少年が演じる女性登場人物が男装し男性としてふるまうなど、ジェンダーの混乱を楽しむことが多々ありました。現代に至るまでの演劇としての上演においても、台詞の言葉も、言う人も、ジェンダーや人種も変幻自在に変更し、果ては詩作品やセリフを別の戯曲に入れてしまうなど、見事なまでの「なんでもあり」の自由さが、今やシェイクスピア戯曲の強みでもあり、魅力ともなっています。観客もみんな物語のあらすじを知っている前提で、今度はどんな演出？と楽しむのですから、演出家たちも趣向を凝らし甲斐があることでしょう。

ですので、たとえば女声歌手が男性キャラクターのテキストを歌うとしても、その逆だとしても、歌曲という小宇宙の中で、自身が演出家となってそういう演出をして頂けば良いと思います。その意味でも、これらの歌曲は、歌手の皆様の独自の表現力を発揮して頂ける素晴らしい素材であると考えます。

本稿を書くにあたって、私達は身長ほどの高さまで楽譜や文献資料を積み上げましたが、シェイクスピアほど研究し尽くされ、なお謎が多い作家はいないのではないかと思われるほど諸説入り乱れている様は、まるでシェイクスピアという題材をめぐる古今東西の研究者達の祝祭のようでもあります。一冊読めば新しい発見があり、もう一冊読めば別の説が浮上し、現在もなお新たな光が当て続けられています。

本稿はその中から、演奏を多角的に作り上げるための参考資料として、演奏のイメージを膨らませて頂きやすいこ

とを旨として書いたものです。シェイクスピア関連の芸術作品や、学術文献などにも関心をお持ち下さるささやかなきっかけとなれましたら幸せです。

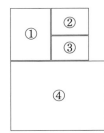

① ストラトフォード・アポン・エイヴォンのシェイクスピア像
② ストラトフォード・アポン・エイヴォンのシェイクスピアの生家
③ 1997年に再建されたロンドンの地球座（Shakespeare the Globe）外観
④ 地球座内部。客席から舞台上方を見上げた図

（撮影：辻 裕久）

楽曲解説・日本語訳と歌い方ポイント

　英語の歌い方全般に関する留意点としては、イギリス歌曲シリーズ1『The Water is Wide ～イギリス愛唱歌集』の解説を、ぜひ参考にしてみて下さい。

本書に特徴的な点としては、

・作品の時代様式によっては、装飾やアドリブを自由に入れること。

・歌詞のスペリングや文言のヴァリエイションについてはできるだけ説明を入れるよう試みましたが、これらは、元の戯曲でも版によって違いがあったり、劇音楽として作曲された当時の台本（別の戯曲に挿入されている場合もあります）に添って変更されていたり、歌曲として再創造するにあたって改変されたものも含んでいます。

・ロジャー・クィルターの作品のみ楽譜に ped. 記号が入っていますが、作曲者の意図として必要と思われるところはそのまま残しました。（他の部分、他の作品に ped. を入れないという意味ではありません）

1. 緑の木陰で　Under the greenwood tree
（『お気に召すまま』二幕5場より　from "As you like it" Act 2 Scene 5）

　『お気に召すまま』は、アーデンの森を主たる舞台として繰り広げられる喜劇。弟に追われた前公爵、その娘ロザリンド、彼女に恋するオーランドーやその兄オリヴァー、憂うつ屋ジェークィズなど個性的な登場人物が入り乱れ、最終的に4組の幸せなカップルの婚礼となります。前公爵に仕える貴族で歌の名手アミアンズの歌う劇中歌など、後に独立した歌曲として取り上げられるテキストが全編にちりばめられています。「この世はすべてひとつの舞台。男も女もひとりの役者にすぎない」という名台詞も、この戯曲の中でジェークィズが語ります。

　トーマス・アーン（Thomas Augustine Arne 1710-1778）はロンドン生まれの作曲家、ヴァイオリン奏者であり、特に劇場音楽の作曲家として活躍しました。現在も愛国歌として歌われている "Rule Britannia" の作曲家として知られています。

　「緑の木陰で」は、アーデンの森で前公爵と共に暮らすアミアンズが歌う劇中歌ですが、独立した歌曲としても多くの作曲家が付曲しています。

tune[1] ⇒ turn（合わせて）となっている戯曲も多いですが、アーンの他にも、ガーニーやハウエルズなどの作曲家が、
　　　　歌詞としてわかりやすい tune（歌う）を採用しています。

Here[2] ⇒発音はほぼ [ヒー] 切りぎわに軽く曖昧母音にします。

Under the greenwood tree　緑の木陰で

Under the greenwood tree,	緑の木陰で
Who loves to lie with me,	我と寝そべり
And tune[1] his merry note,	楽しき調べを
Unto the sweet bird's throat,	小鳥のさえずりに合わせ　歌いたい者は
Come hither, come hither, come hither.	来たれ　ここへ　来たれ
Here[2] shall he see no enemy,	ここには敵なし
But winter and rough weather.	ただあるは　冬の荒天のみ

2. ごらん！　優しいひばりを　Lo! here the gentle lark
（長編詩『ヴィーナスとアドニス』より from "Venus and Adonis"）

　1592年から約2年間、ペストの大流行のためロンドンの劇場は閉鎖されました。その間に生計を立てる手段として、シェイクスピアは劇作よりも紳士的と考えられていた詩作に取り組みました。『ヴィーナスとアドニス』は、シェイクスピア最初の物語詩であり、作家の文学的地位を高め、生前最も売れた作品でもありました。古代ローマのオウィ

ディウス『変身物語』に題材を取っていますが、優雅なエリザベス朝の韻文の詩形を忠実に守りながらも、官能的かつユーモラスでもあり、感動的な物語に仕上げられています。

　サー・ヘンリー・ビショップ（Sir Henry Rowley Bishop1786-1855）は、19世紀前半に活躍した劇場音楽作曲家、指揮者で、120の劇付随音楽、80のオペラやその他多くの小品を作曲したと言われています。『ミラノの乙女クラリ』の中の"Home, sweet home"「埴生の宿」が当時から大流行し現在に至るまで愛唱されていますが、オペラは現存せず、他の作品も多くが失われています。

　19世紀の演劇上演においては、別の戯曲や詩から言葉を引用することが多くあり、シェイクスピア劇の上演においてもそれは同様で、この曲は、ビショップが劇音楽を書いた1819年上演の『間違いの喜劇』"The Comedy of Errors"に挿入されています。

(1)楽譜中43小節目の3拍目裏3連符の最初のF♯は、海外版の一部の楽譜ではFとなっていますが、本書では伴奏の和声とビショップの音使いからより自然であると思われるF♯を採用しました。

<table>
<tr><td>

Lo! here the gentle lark

Lo! here the gentle lark, weary of rest,
From his moist cabinet mounts up on high;
And wakes the morning from whose silver breast
The sun ariseth in true majesty!

</td><td>

ごらん！　優しいひばりを

ごらん！　優しいひばりは眠り疲れ
朝露に濡れた巣から　天高く舞い上がる
そして銀色の懐から暁を目覚めさせると
太陽が　まこと壮麗に昇り始めるのです！

</td></tr>
</table>

3. 消し去りたまえ　唇を　Take, O take those lips away
（『尺には尺を』　第四幕1場より from "Measure for Measure" Act 4 Scene 1）

　『尺には尺を』はウィーンを舞台にした物語。道徳、社会的腐敗を正そうとする公爵がアンジェロに公爵代理を命じ、自身は修道士に変装して密かに観察します。強大な権力を使えることになったアンジェロが非道な本性を現し、公爵扮する修道士の仕掛けるトリック（床を共にする相手を入れ替える「ベッド・トリック」と、首検分の首を入れ替える「ヘッド・トリック」）で最後はまるくおさまる喜劇ではあるものの、提起された問題の多くが解決されないまま観客に委ねられるため、しばしば「問題劇」とも呼ばれています。

　「消し去りたまえ　唇を」は、かつてアンジェロと婚約していたにも関わらず拒否されたマリアナが聴く、ほろ苦い恋の歌として、第四幕の最初に歌われる劇中歌。後にジョン・フレッチャーが別の作品の挿入歌としてこのテキストを使った時に2番を付け加えた歌詞も残っています。

　楽譜に記されている細かな装飾音はガイドとして使用し、実際の音楽の運びに沿って自由な装飾を加減してください。（35小節と37小節★の小さな音符は作曲者自身によるオプション提案）

<table>
<tr><td>

Take, O take those lips away

Take, O take those lips away,
That so sweetly are forsworn;
And those eyes, the break of day,
Lights which do mislead the morn.
But my kisses bring again,
Seals of love, tho' seal'd in vain.

</td><td>

消し去りたまえ　唇を

消し去りたまえ
甘い言葉で惑わす唇を
夜明けの訪れと見紛う
眩しい瞳を
けれど　私の捧げた口づけは　返してほしい
愛の証し　あの虚しい誓いの印を

</td></tr>
</table>

4. 蜂の蜜吸うところで　Where the bee sucks
（『大嵐』　第五幕1場より　from"The Tempest" Act 5 Scene 1)

　『大嵐』は、シェイクスピアが一人で書いた最後の戯曲であると言われています。原話は特定されておらず、魔術や歌や踊り、仮面劇など視覚的スペクタクルとして上演されることの多いロマンス劇です。陽気なお祭り騒ぎの喜劇的結末ではなく、寓意に富み、喪失や苦難を経たからこそ得られる深い喜びに終わります。エピローグで魔術師プロスペローが、「私にはもうかける魔法もない・・・中略・・・どうぞ私を自由にして下さい」と語りますが、引退間際のシェイクスピアの心境が重ねあわされているとの見方もあるようです。

　「蜂の蜜吸うところで」は、プロスペローの忠実なしもべとして大活躍した妖精エアリエルが、最後に自由の身となることを約束されて歌う劇中歌。多くの作曲家が歌曲化している人気のテキストです。

　作曲家アーサー・サリバン（Sir Arthur Seymour Sullivan 1842-1900）は、劇作家ウィリアム・ギルバート（William S. Gilbert 1836-1911）と組んでオペラを創った事でよく知られています。ギルバート＆サリバンのオペラはサヴォイ劇場で多くのヒット作品を生み出したため「サヴォイ・オペラ」と総称され、独特の軽妙洒脱さで、大衆演劇と芸術歌劇の美質を併せ持っています。『大嵐』はギルバートと組む前の1862年、サリバンの出世作ともなった初期の劇付随音楽でした。

　[1]lurk（潜む、隠れ住む）⇒ suck（吸う）を採用している歌曲も多くあります。（蜂が蜜を吸うところで　私も吸い）

Where the bee sucks　　　蜂の蜜吸うところで

Where the bee sucks there lurk[1] I;	蜂が蜜を吸うところで
In a cowslip's bell I lie;	フクロウの声を子守唄に
There I couch when owls do cry.	桜草の花に寝そべって
On the bat's back I do fly,	コウモリの背に乗り
After summer merrily.	浮かれて夏を追う
Merrily, merrily shall I live now	そして楽しく　楽しく暮らすのです
Under the blossom that hangs on the bough.	枝垂れる花の　その陰で

5. お嬢さん方　もう溜息なさるな　Sigh no more ladies
（『から騒ぎ』　第二幕3場より　from "Much ado about nothing" Act 2 Scene 3)

　『から騒ぎ』はシシリーのメシーナを舞台に、知事リオナートの娘ヒーローとフローレンスの若い貴族クローディオ、リオナートが養育した姪ベアトリスとパデュアの若い貴族ベネディックという2組のカップルが結ばれるまでに、メシーナに滞在しているアラゴンの領主ドン・ペドロ、その弟で悪事を企むドン・ジョンとその一味などが絡んで話が複雑に展開する喜劇です。

　「お嬢さん方　もう溜息なさるな」は、ドン・ペドロの召使いバルサザーがベネディックに聴かせるために歌う劇中歌で、この場面からベネディックの心は、口喧嘩ばかりしていたベアトリスへと急速に傾いていきます。このテキストも、後に多くの作曲家が歌曲化しています。

　この作品も、サリバンの初期の作品で、5曲から成る『シェイクスピア歌曲集』（1863-64）の中の1曲。

　楽譜中に作曲者自身によるオプションが記されていますが、演奏者による自由な装飾やアドリブを含む演奏もよく聞かれます。

　[1]leafy [líːfi] ⇒ leavy [líːvi]（古いスペル）が使われている歌曲もあります。

Sigh no more ladies　　お嬢さん方　もう溜息なさるな

Sigh no more, ladies, sigh no more,	お嬢さん方　もう溜息なさるな
Men were deceivers ever,	男はいつでも大うそつき
One foot in sea and one on shore,	片足海に　片足岸に

To one thing constant never.	ひとところには留まらない
※Then sigh not so, but let them go,	※だから　放っておきなさい　そう溜息なさらず
And be you blithe and bonny;	陽気に　元気に
Converting all your sounds of woe	嘆きの声色転じて　歌いましょう
Into hey nonny nonny.	ヘイ　ノニ　ノニ　と
Sing no more ditties, sing no more,	お嬢さん方　もう歌いなさるな
Of dumps so dull and heavy,	憂鬱で重苦しく　さえない歌を
The fraud of men was ever so,	男の不実はその昔　初めてこの世に
Since summer first was leafy[1].	若葉の芽吹いたときからおなじ
※（refrain）	※（繰り返し）

6&10. 愛しい人よ　O mistress mine
（『十二夜』 第二幕 3 場より from "Twelfth Night" Act 2 Scene 3）

　十二夜とはクリスマスから 12 日後の夜、東方の三博士がキリスト生誕を祝うべく現れた顕現日（エピファニー）のことで、エリザベス朝時代にも、召使いが主人のような格好をしたり、男女が衣服を取り替えたりして騒ぐ無礼講的な祝祭の伝統が残っていたと考えられています。この戯曲は直接十二夜に関わる物語ではないものの、その伝統的背景と祝祭ムードをふまえたのではないかと推測されます。

　物語の舞台はイリリアという（古代に存在したと言われている）国。双子の兄セバスチャンが死んだと思った妹ヴァイオラが、男装して仕えるオーシーノー公爵に恋心を抱きつつ、小姓として公爵の想い人オリヴィアへの使いをすると、オリヴィアが男装のヴァイオラに恋してしまいます。生きていたセバスチャンが現れて取り違えられ、ドタバタが繰り広げられたあげくに、公爵とヴァイオラ、セバスチャンとオリヴィアという 2 組のカップルが出来上がるという、かなり都合のいい喜劇です。機知に富んだ当意即妙のやりとりと音楽にあふれた戯曲であり、冒頭は「もし音楽が愛の糧となるなら…」の名言で始まります。

　「愛しい人よ」は、戯曲中では、「恋の歌を」と頼まれて、オリヴィア家の道化で歌の名手フェステが歌う劇中歌。歌曲化も非常に多いテキストです。

　6 の作曲者パリー（Sir Charles Hubert Hastings Parry 1848-1918）は王立音楽大学で長く教鞭を取り、1894 年から没するまで学長を務めました。ウィリアム・ブレイクの詩「イェルサレム」"Jerusalem" に作曲した合唱曲が、今も国民的愛唱歌となっています。この「愛しい人よ」と、**7**「壁に沿って氷柱が下がり」は、"English Lyrics Set 2"『イギリス詩歌曲集第 2 集』に収められています。

　10 の作曲者クィルター（Roger Quilter 1877-1953）は、フランクフルトの高等音楽院で同時期に学んだ作曲家達（パーシー・グレインジャー、シリル・スコットなど）と共に、フランクフルト・グループと呼ばれるイギリスの作曲家。軽やかな管弦楽作品に加え、100 曲を超える歌曲や民謡の編曲作品は家庭音楽の流行と共に愛唱されました。

[1]where [(h)wɛ́:]（ウェーラユーの様にリエゾン可。）

[2]Ev'ry = every の略。発音は同じ [évri]（Parry の歌詞では Every）

[3]'tis = it is の略。発音は [tíz]

[4]unsure [ʌnʃɔ́:]

[5]語尾の子音 [-θs] に注意。

[6]endure 語尾の発音は [-djɔ́:] unsure と脚韻。

O mistress mine　愛しい人よ

O mistress mine, where[1] are you roaming?	おお　愛しい人よ　どこへ行く？
O stay and hear, your true love's coming,	足を止め　聴いておくれ　声も自在に歌う
That can sing both high and low;	あなたを真に愛するものの唄を
Trip no further, pretty sweeting;	もうどこへも行かないでくれ　可愛い人

Journeys end in lovers' meeting,	恋の出会いが　旅の終わりとは
Ev'ry[2] wise man's son doth know.	自明の理であり　誰もが知るところ
What is love? 'tis [3]not hereafter;	愛とは？　明日にあらず
Present mirth hath present laughter;	今日を楽しみ　今日を笑うためのもの
What's to come is still unsure[4]:	先のことなど分からぬのだから
In delay there lies no plenty;	ぐずぐずしてはいられまい　さあ
Then come kiss me, Sweet-and-twenty,	今すぐ来て　甘いキスをおくれ　何度でも
Youth's[5] a stuff will not endure[6].	春の日こそ　長くは続かぬものだから

7. 壁に沿って氷柱（つらら）が下がり　When icicles hang by the wall
（『恋の骨折り損』　第五幕2場より　from "Love's Labour's lost" Act 5 Scene 2）

　『恋の骨折り損』は、フランスとスペインの間に位置する王国ナヴァールを舞台とする喜劇。フェルディナンド王はナヴァールを、女人禁制の、学問を追求する理想郷とすることをめざしますが、フランス王女が貴婦人達を従えてやってくると、男達はたちまち禁制を破って女性達に熱中してしまいます。駄洒落の応酬、繰り返しの多用など、エリザベス朝演劇の要素を色濃く持つ戯曲とされています。結末は、王女の父の死の知らせと恋人たちの別れであり、四季のうつろい、死と再生を予感させて終わります。喜劇的要素を多分に含みながら祝祭的な終結には至っていないため、一説には、シェイクスピアはこの戯曲を『恋の骨折り得』（現存しない）との2連作の第1部として発想したのではないかとも言われています。

　劇の最後に結びとして「春」と「冬」の歌が歌われますが、この「壁に沿って氷柱が下がり」は、「冬」の歌です。別れ別れになった恋人たちは、これからそれぞれに12か月を過ごします。パリーの歌曲は梟の声を模倣しながら冬の日々を遠近感豊かに描き出しています。

[1]nipt = nipped [nípt] 発音は同じ。

[2]around = パリーは around としています。意味は通りますが、戯曲中では aloud（大きな音を立てて）。

[3]crabs = crab apple ジャムなど、料理用に使う酸味の強い小粒のリンゴのこと。

When icicles hang by the wall　壁に沿って氷柱（つらら）が下がり

When icicles hang by the wall,	壁に沿って氷柱が下がり
And Dick the shepherd blows his nail,	羊飼いのディック　指に息吹きかけようころ
And Tom bears logs into the hall,	トムは薪を運び入れ
And milk comes frozen home in pail,	ミルクは　手桶に凍って届く
When blood is nipt[1], and ways be foul,	血も凍え　道ぬかるんで
※Then nightly sings the staring owl,	※キョロキョロふくろう　夜な夜な鳴けば
Tu-whoo! tu-whit, tu-whoo! a merry note!	ホー　ホホ　ホー　と心地よく
While greasy Joan doth keel the pot.	ジョーンは油まみれで鍋の世話
When all around[2] the wind doth blow,	辺りに風が吹きすさび
And coughing drowns the parson's saw,	司祭の説教　咳に掻き消されようころ
And birds sit brooding in the snow,	小鳥は雪に耐え　卵（いだ）を抱き
And Marion's nose looks red and raw,	マリオンの鼻は　しもやけ赤い
And roasted crabs[3] hiss in the bowl,	焼き林檎が　シューシーいって
※（refrain）	※（繰り返し）

8&12. 恋する若者たち　It was a lover and his lass
（『お気に召すまま』　第五幕3場より　from "As you like it" Act 5 Scene 3)

　　前出『お気に召すまま』の終幕で、翌日に結婚を控えたカップルのうちの1組、道化タッチストーンと村娘オードリー
が聴く劇中歌。この歌を聴き終わった後に、タッチストーンの「この歌にはたいした内容もないようだが・・・」と
いう台詞がありますが、言葉のリズムの良さと、本能の赴くままの素朴な恋の喜びに満ちた春の描写で、数多くの歌
曲作品になっています。

　　8のディーリアス（Fredrick Theodore Albert Delius 1862-1934）はイギリスの作曲家ですが、両親はドイツから移
住し帰化した裕福な商人であり、その生涯はきわめてインターナショナルです。フロリダの農園管理という名目でア
メリカに渡って黒人霊歌と出会い、ライプツィヒ音楽院を経て、ノルウェーでグリーグと親交し、パリでラヴェル、
ゴーギャン、ムンクらと交友しながら奔放な生活を送り、セルビア人の妻と結婚してパリ近郊のグレに落ち着きまし
た。フランス近代和声の色濃い色彩豊かな和声が特徴的です。ディーリアスの「恋する若者たち」は、『4つの古い
イギリスの詩』"Four Old English Lyrics"（1915）に含められています。

　　12のクィルター作品は、本書には二重唱版（ソプラノ＋テノール）を掲載していますが、ソプラノ＋アルト版や、
独唱版（高声用、低声用）があります。独唱版は『5つのシェイクスピア歌曲』"Five Shakespeare Songs" Op.23（1921）
の中の1曲。

(1)spring time ⇒ Delius は Springtime と表記。

(2)ring time ⇒ Delius は ring-time と表記。

(3)when the birds do sing ⇒ Quilter は When birds do sing と表記。

(4)ding a ding ⇒ Delius は ding-a-ding と表記。

(5)Delius はこの一節を省略。

(6)flow'r ＝ flower 花の命のように儚いことを表現したもの。発音は開いたアの母音で ほぼ [f ラー]。

(7)crownéd ⇒ -ed にも音符がひとつ当てはめてあれば [ɛ] と開いたエの母音で歌う。（Delius, Quilter 作品に共通）

It was a lover and his lass

It was a lover and his lass,
With a hey, and a ho, and a hey nonino,
That o'er the green cornfield did pass
※In the spring time(1), the only pretty ring time(2)
When the birds do sing(3), hey ding a ding(4), ding;
Sweet lovers love the spring.

Between the acres of the rye,
With a hey, and a ho, and a hey nonino,
These pretty country folks would lie,
※ (refrain)

(5)This carol they began that hour,
With a hey, and a ho, and a hey nonino,
How that life was but a flow'r(6)
※ (refrain)

And therefore take the present time
With a hey, and a ho, and a hey nonino,
For love is crownéd(7) with the prime,
※ (refrain)

恋する若者たち

恋する若者たちが
ヘイ　ホー　ヘイ　ノニノ
あおい麦畑をふみ分け行けば
※春たけなわの　つがいの季節
鳥もさえずり　ヘイ　ディンガ　ディン　ディン
恋人たちの恋する春

ライ麦畑のあぜ道で
ヘイ　ホー　ヘイ　ノニノ
お似合いカップル寝そべれば
※（繰り返し）

そこでいよいよキャロルが始まる
ヘイ　ホー　ヘイ　ノニノ
人生は花の如し
※（繰り返し）

だからこの素晴らしいときを楽しもう
ヘイ　ホー　ヘイ　ノニノ
恋は今や最高潮
※（繰り返し）

9.来たれ　死よ　Come away, death
(『十二夜』　第二幕４場より from "Twelfth Night" Act 2 Scene 4)

　『3つのシェイクスピアの歌』"Three Shakespeare Songs" Op.6 は 1905 年に作曲されたクィルターの代表作のひとつです。20 世紀初頭に、多くのイギリスの作曲家達が自国のアイデンティティーを確立しようとして民謡回帰、エリザベス朝回帰の動きを見せ、シェイクスピアに取り組む作曲家も多かった中、クィルター作品の特徴は、繊細かつ精緻な技巧が凝らしてありながら、メロディーの自然な流れがこの上なく美しく洗練されていることでしょう。

　「来たれ　死よ」は、『十二夜』第二幕で、オリヴィアへの恋に悩むオーシーノー公爵の前で道化フェステが歌う劇中歌です。クィルターの歌曲は、人生の儚さ、移ろいやすさを切々と歌い、すべては一瞬の夢であるからこそ、と、戯曲全体のテーマを歌うかのように繊細で美しい作品となっています。
　[1]cypress（糸杉）は棺に使われた素材であり、復活を象徴する木でもあります。
　[2]yew（イチイ）は死の象徴であると同時に、常緑樹なので不死の象徴でもあります。
　[3]flower ⇒開いたアの母音で [f ラー]
　[4]corse　[kɔ:s]= corpse（亡骸）

Come away, death

Come away, come away, death,
And in sad cypress[1] let me be laid;
Fly away, fly away, breath;
I am slain by a fair cruel maid.
My shroud of white, stuck all with yew[2],
O prepare it;
My part of death, no one so true
Did share it.

Not a flower[3], not a flower sweet,
On my black coffin let there be strown;
Not a friend, not a friend greet
My poor corse[4], where my bones shall be thrown.
A thousand thousand sighs to save,
Lay me, O where
Sad true lover never find my grave,
To weep there.

来たれ　死よ

来たれ　死よ　来たれ
悲しき糸杉の棺に　私を横たえよ
去れ　息よ　去れ
我
われ　美しくもつれなき君に葬られ
イチイの枝を指した　白きかたびらを
用意せよ
我ほどに　真の愛に死すもの
他になし

花ひとつ　甘美な　花ひとつとして
我が黒き棺に　撒くことなかれ
友一人　嘆く　友一人とて
哀れなる我が亡骸に　別れを告げることなかれ
幾千万のため息を避け
人知れず　葬りたまえ
我が墓を前に　まことの愛を
嘆く者の無いように

11. 吹け　冬の風よ　Blow, blow, thou winter wind
（『お気に召すまま』　第二幕7場より from "As you like it" Act 2 Scene 7）

『お気に召すまま』第二幕、アーデンの森にやってきたオーランドーを前公爵が歓迎し、共に食事をする場面で、歌の名手アミアンズが厳しい冬を歌うのが「吹け　冬の風よ」です。巧みな押韻による、風を感じる言葉に多くの作曲家が触発され、多くの歌曲が書かれています。
　(1) wind ⇒ 次の行と韻を踏むために [wáind] と発音しても良いでしょう。

Blow, blow, thou winter wind　　　吹け　冬の風よ

Blow, blow thou winter wind[1],	吹けよ　吹け　冬の風よ
Thou art not so unkind	そなたは　そう薄情ともいえぬ
As man's ingratitude;	人間共の恩知らずに比べれば
Thy tooth is not so keen,	如何にそなたの息が粗暴とはいえ
Because thou art not seen,	その牙も　さほど鋭いとは言えぬ
Although thy breath be rude.	姿形も　見えぬのだから

※Heigh-ho! sing heigh ho!	※ヘイホー！　歌え　ヘイホーと！
unto the green holly:	青きヒイラギを称えて
Most friendship is feigning,	友情なんてほとんど見せかけ
most loving mere folly:	愛情なんてほんの気の迷い
Then, heigh-ho! the holly!	それ　ヘイホー！　ヒイラギ！
This life is most jolly.	この世はまったくすばらしい

Freeze, freeze thou bitter sky,	凍れよ　凍れ　寒空よ
That dost not bite so nigh	そなたはほとんど痛みを与えぬ
As benefits forgot:	恩義を忘れる者の仕打ちに比べれば
Though thou the waters warp,	水面を反り返らせる程の
Thy sting is not so sharp	そなたの棘も　さほど痛烈とは言えぬ
As friend remembered not.	我を顧みぬ友ほどには
※ (refrain)	※（繰り返し）

☆巻末の歌詞は "Complete works of William Shakespeare THE ALEXANDER TEXT" を参考としていますが、楽譜中の歌詞は作曲者などによる編集が入っている場合もあり、同じ詩に付曲された作品であっても、その表記は作品ごとに異なります。また、巻末詩と歌詞に若干の相違があります。

イギリス歌曲シリーズ② O mistress mine シェイクスピアの世界　辻　裕久・なかにしあかね監修

- 発行所＝カワイ出版（株式会社 全音楽譜出版社 カワイ出版部）
　〒161-0034 東京都新宿区上落合 2-13-3　TEL 03-3227-6286 ／ FAX 03-3227-6296
　出版情報 http://editionkawai.jp
- 楽譜浄書＝中野隆介　●印刷・製本＝平河工業社

ⓒ 2018 by edition KAWAI, a division of Zen-On Music Co., Ltd.
- 楽譜・音楽書等出版物を複写・複製することは法律により禁じられております。落丁・乱丁本はお取り替え致します。
　本書のデザインや仕様は予告なく変更される場合がございます。

ISBN978-4-7609-4175-9

2018年11月1日　第 1 刷発行
2024年 6月 1日　第 8 刷発行